SEGURANÇA EM REDES INDUSTRIAIS
Um estudo de caso de análise de riscos em uma planta industrial.

Guilherme Neves

Frederico Sauer

Dedicatória.

Dedico este Livro a minha esposa Edna que se manteve incansável ao meu lado nestes anos de luta. A Deus que me permitiu realizar este trabalho. A meus pais que me apoiaram e incentivaram, aos meus colegas de curso pelo carinho e pela grande contribuição com os seus conhecimentos, aos funcionários e professores do MSI sempre solícitos e competentes .Aos meus colegas de trabalho e clientes da indústria farmacêutica, que sem a sua contribuição este livro não seria possível, especialmente a Paulo Costa e Carlos Augusto Anacleto que emprestaram suas décadas de experiência na indústria.

RESUMO

NEVES, Guilherme. **TÍTULO:** Segurança
Cibernética em redes industriais

Entendido. Aqui está o resumo revisado com o novo título "Segurança Cibernética em Redes Industriais":

"Segurança Cibernética em Redes Industriais" é um guia essencial para profissionais de segurança cibernética, engenheiros de automação e gestores de infraestruturas críticas. Nesta obra, Guilherme Neves e Frederico Sauer oferecem uma análise aprofundada das ameaças cibernéticas em ambientes industriais, com foco especial em sistemas de controle e automação.

O livro aborda:

• Conceitos fundamentais de segurança em redes industriais (ICS)

• Técnicas de footprinting e reconhecimento em ambientes industriais

• Análise detalhada de ataques como IP Spoofing, Man-in-the-Middle e Denial of Service

• Estudo de caso do worm Stuxnet e suas implicações para a segurança industrial

• Metodologias de análise de riscos em conformidade com normas ANVISA e GAMP5

• Estratégias de proteção para ativos críticos como PLCs, SCADAs e gateways industriais

• Implementação de controles de segurança em ambientes altamente regulados

• Abordagens práticas para gerenciamento de vulnerabilidades e resposta a incidentes

Com uma combinação única de teoria e prática, este livro oferece insights valiosos sobre como proteger infraestruturas críticas contra ameaças cibernéticas cada vez mais sofisticadas. Os autores apresentam metodologias comprovadas para identificar vulnerabilidades, avaliar riscos e implementar medidas de segurança eficazes, com ênfase especial nas necessidades da indústria farmacêutica e outros setores altamente regulamentados.

"Segurança Cibernética em Redes Industriais" é uma leitura obrigatória para qualquer profissional envolvido na segurança de sistemas industriais, oferecendo as ferramentas e conhecimentos necessários para enfrentar os desafios de segurança cibernética no mundo da automação industrial moderna.

Indice

Índice de Figuras

1 INTRODUÇÃO

1.1 OBJETIVOS

Este trabalho tem como o objetivo estudar as ameaças a segurança nas redes de computadores ,principalmente das infra estruturas críticas, verificando o quanto as vulnerabilidades podem ser exploradas e as principais ameaças que resultarão em riscos para a infra estrutura, a segurança do produto e das pessoas.

1.2 RELEVÂNCIA

É importante estudar o risco das redes industriais (ICS- Industrial computer systems), pois os impactos resultantes de uma falha de segurança podem ser catastróficos podendo ocasionar perda de vidas humanas. No âmbito acadêmico o objetivo é produzir material científico sobre uma área muito pouco abordada nos cursos de segurança da informação e de fundamental importância, já que a cada dia mais as redes industriais e administrativas (TIC – tecnologia da informação e Comunicação) estão convergindo.

Os sistemas industriais SCADA afetam a vida nos seguintes senários (Internet Security System, 2009):

Distribuição De Água

Distribuição De Energia.

Controle De Transportes Como Trem, Metro, Sinais De Transito.

Industria Farmaceutica

Sistema De Saúde

Sistema Bancário

Óleo E Gás

e muito mais....

Um ataque de DoS, ou que modifique o funcionamento dos serviços afetam diretamente o nosso estilo de vida podendo colocar em risco um bairro, uma cidade ou até uma nação inteira.

2 CONCEITOS BÁSICOS

Segundo a Norma ANSI/ISA95.00.03 operações de manufatura um sistema deve ser considerado dentro do intervalo de cobertura destas normas se a atividade que ele executa é necessária para qualquer uma das seguintes operações.

- Processo previsível e controlado;
- Segurança do processo e das pessoas;
- Confiabilidade ou disponibilidade do processo;
- Eficiência do processo;
- Operabilidade do processo;
- Qualidade do produto;
- Ambiente;
- Atendimento as normas regulatórias;
- Vendas de produtos.

Segundo a RDC17[i] da ANVISA[ii] todo sistema computadorizado que tenha impacto nas boas praticas deve ser validado, passando um processo onde o ciclo de vida passa por uma detalhada analise de riscos.

A empresa deve possuir uma lista contendo todos os sistemas computadorizados instalados e suas respectivas avaliações de criticidade. A necessidade de validação deve ser estabelecida de acordo com os critérios abaixo (ANVISA - AGENCIA NACIONAL DE VIGILANCIA SANITARIA, 2010).

Caso qualquer resposta às questões abaixo seja "SIM", o sistema deve ser validado por ter impacto em BPx[iii].

O Sistema Armazena Dados Que Impliquem Na Rastreabilidade De Produtos?

O sistema gerencia:

1. A operação automatizada de equipamentos produtivos críticos ou de laboratórios individualmente (ex. compressoras, secadores de leito fluidizado, HPLC, dissolutores, etc.)?

2. A operação automatizada da geração de utilidades críticas (ex. água purificada, ar condicionado, ar puro, água para injetáveis, etc.)?

3. Cadastramento de apresentações, dosagens, matérias primas, embalagens, potências, tamanho de lotes, etapas de produção, fórmulas mestras, etc.?

4. Planejamento de Produção (ex. ordens de produção, números de lote, matérias primas, embalagens, etc.)?

5. Processo de compras de materiais (ex. qualificação de fornecedores, controle de pedidos de fornecedores previamente qualificados, quantidades, potências, especificações, etc.)?

6. Recebimento de materiais (ex. número de lotes, plano de amostragem, condições físicas, registro de avarias, etc.)?

7. Armazenamento de materiais (ex. status, endereçamento, movimentações e transferências, recolhimentos, etc.)?

8. Central de pesagem (ex. ordens de pesagem, potências, fracionamento, recipientes, balanças, etiquetas e lacres, resultados das pesagens, operadores, lotes de produtos, lotes de materiais, etc.)?

9. Controle de produção (ex. ordens de fabricação, controles em processo, registros, operadores, materiais, números de lotes, equipamentos utilizados, sequências de utilização e operação, alarmes, amostras, etc.)?

10. Serviço de atendimento ao cliente (ex. reclamações, ações, eventos adversos, etc.)?

11. Documentação (ex. emissão, distribuição, revisão, controle de versões obsoletas, treinamento, etc.)?

12. Sistemas de qualidade (ex. resultados fora de especificação, auto inspeção, desvios, controle de mudanças, registros de resultados de análise de matéria prima, embalagem ou produtos, revisão periódica, etc.)?

13. Programa de treinamento (ex. escopo, instrutores, listas de presença, certificados, etc.)?

14. Equipamentos (ex. plano e execução de manutenção, plano e execução de calibração, plano e execução de qualificação, etc.)?

Segundo o NIST[iv] com o advento do lançamento de equipamentos e software para automação baseados no protocolo IP, fez com que as vulnerabilidades das redes industriais aumentassem, já que as redes antes segregadas, proprietárias passaram a ter acesso remoto e sistemas operacionais conhecidos. (Stouffer, Falco, & Scarfone, 2011)

Possíveis incidentes em ICS[v] listados pelo NIST são:

1. Bloquear ou atrasar o fluxo de informações através da rede ICS, com prejuízo à operação.

2. Mudanças não autorizadas de instruções, comandos ou limites de alarme, com danos efetivos, desabilitar ou desligar equipamentos causando impactos a infra estrutura e colocando em risco vidas humanas.

3. Informação falsa enviada ao operador do sistema, seja para disfarçar alterações não autorizadas, ou fazer com que os operadores iniciem ações inadequadas, que podem ter vários efeitos negativos.

4. Configuração modificada, ou software ICS infectado com malware, que pode ter

vários efeitos negativos.

Segundo A Iss (Internet Security System, 2009) Vários Incidentes Conhecidos Afetaram A Segurança De Redes Industriais:

- Computadores e manuais para sabotar redes industriais encontradas no acampamento da Al Qaeda durante a guerra do Iraque.

- Usina atômica Davis-Besse em Ohio teve o seu sistema de monitoramento fora do ar por 5 horas devido ao um Worm Slammer em janeiro de 2003.

- Em 2000, um funcionário da empresa de águas de Queensland, Austrália derramou milhões de litros de água no sistema de águas costeiras.

- Em 2003 a costa leste dos Estados Unidos sofreu um Blackout sem explicação, mas os indícios apontam para uma infecção por um Word Blaster.

- Em 2000 o governo Russo admitiu que Hackers conseguiram controle sobre o sistema da maior linha de distribuição de gás do mundo.

Portanto seja por motivos econômicos ou até mesmo terrorismo o estudo das vulnerabilidades dos sistemas de redes industriais é de fundamental importância devido ao seu possível impacto.

Metodologia De Pesquisa

Visa a elaboração de uma análise de riscos a fim de dar ferramentas para montagem de um protocolo de testes, para verificar a vulnerabilidade à invasão a infra estrutura de redes industriais através de um estudo de caso. Os meios utilizados são normas de segurança de automação, manuais de boas práticas de fabricação.

Seleção Dos Sujeitos

Foram entrevistados o Diretor Industrial e o Gerente de produção da Fábrica para validar os dados de processo e arquitetura, bem como a elaboração da análise de riscos.

As entrevistas duraram 2 horas, com o objetivo de entender o alinhamento do Negócio com a área industrial e qual a percepção de segurança no ambiente industrial.

Coleta E Análise De Dados

A coleta de dados foi realizada através da captura do monitoramento do sonífero e relatórios do software The Daúde de gerencia de rede, além do relatório dos efeitos sentidos em campo.

2.1   Ataques

O efeito de ataques de camada 2 na indústria tem impacto direto no negócio da empresa, podendo provocar danos a equipamentos, e colocar em risco a vida das pessoas.

2.1.1   Fases do Ataque

Os procedimentos realizados por um profissional de teste de intrusão é similar aos realizados pelos crackers, diferindo na intenção do ataque.

- Levantamento de informações
- Varredura
- Ganhar acesso
- Manter acesso
- Apagar rastros

2.1.2   Levantamento de informações

Footprint

Footprint é a primeira etapa a ser realizada em um teste de intrusão. Durante essa etapa, o Pen-tester coleta o máximo de informações para alimentar a anatomia de ataque. Podemos dizer que é a fase em que o Pen-tester se prepara para realizar o ataque.

Em média, um Pen-tester gasta 70% do tempo analisando um alvo e levantando informações sobre o mesmo. Apenas 30% do tempo e usado para realizar o ataque e avaliar a possibilidade de um atacante realizar procedimentos pós-invasão na máquina alvo.

Quando estamos realizando um footprint, devemos buscar informações relativas à topologia da rede, sistemas operacionais, quantidade de máquinas e localização física. Além disso, é importante também descobrir informações sobre os funcionários da empresa, como: e-mails, cargos e também função específica no ambiente. (4linux, 2012)

2.1.3   Levantamento de informações do DNS

Como sabemos, os servidores DNS são responsáveis por traduzir os nomes canônicos de um domínio para o seu respectivo endereço IP. Sendo assim, um servidor DNS conhece todos servidores que estão acessíveis através da rede.

Vamos Consultá-Lo, Então.

dig -t MX domínio.com.br

dig -t NS 4linux.com.br

Os campos MX, e NS fornecem, respectivamente, o nome dos servidores de e-mail e o nome de todos os servidores de DNS.

2.1.4   Levantamento de informações de domínio.

Apesar do nosso ataque não estar voltado para o servidor web , é muito útil ter informações do site pois nela podemos conseguir informações valiosas sobre pessoas e endereços.

Núcleo de Computação Eletrônica
Universidade Federal do Rio de Janeiro

Coleta de informações

* Como conseguir essas informações?

  – Whois

```
inetnum:      146.164/16
status:       assigned
aut-num:      N/A
owner:        Federal University of Rio de Janeiro
ownerid:      BR-FUOR-LACNIC
responsible:  Carlos Mendes
address:      R. Athos da Silveira Ramos, 149, Predio CCMN
address:      21941909 - Rio de Janeiro - RJ
country:      BR
phone:        +55 21 25983178 []
owner-c:      CAM17
tech-c:       CAM17
inetrev:      146.164/16
nserver:      NS.UFRJ.BR
nsstat:       20120412 AA
nslastaa:     20120412
nserver:      NS2.UFRJ.BR
nsstat:       20120412 AA
nslastaa:     20120412
created:      19910215
changed:      19921015
```

```
nic-hdl:      CAM17
person:       Carlos Mendes
e-mail:       carlos@NCE.UFRJ.BR
address:      R. Athos da Siveira Ramos, 149, Predio CCMN
address:      21941-909 - Rio de Janeiro - RJ
country:      BR
phone:        +55 21 25983178 []
created:      10000721
changed:      20120114
```

Figura 1 - Tela Whois

2.1.5   Fingerprint – Levantando sistemas operacionais e portas.

Podemos utilizar basicamente dois tipos de fingerprints, os ativos e passivos.

A função dessa técnica é identificar a versão e distribuição do sistema operacional que irá receber a tentativa de intrusão. Sendo assim, essa técnica é extremamente importante para que o atacante consiga desenvolver de maneira mais precisa e menos ruidosa seu ataque. Usando essa técnica o Pen-Tester estará explorando problemas da pilha TCP/IP e verificando características únicas que permitem que o sistema alvo seja identificado. (4linux, 2012)

Para Executar Estes Testes Nos Concentraremos Em Três Parâmetros:

- Analise de pacotes que trafegam pela rede;
- Leitura de banners (assinaturas do sistema);
- Análise de particularidades da pilha TCP/IP.

Para realizar o levantamento passivo usamos a ferramenta pOf, que é um scanner e atua como um "farejador" na rede, ou seja, fica escutando os pacotes que passam por ela, detectando o formato do pacote que esta passando.

#POf -I Eth0 -O Log

Este comando vai nos dar o monitoramento da ethernet0 e gravar no arquivo log. É importante que a placa esteja em modo promiscuo e a porta do switch também para capturar todo o trafego da rede. Caso não esteja em modo promiscuo só conseguiremos coletar informações da porta específica.

Para executarmos o Finguerprint ativo utilizamos um grupo de ferramentas, tomando cuidado para não sermos detectados ou bloqueados pelos dispositivos de proteção de perímetro como firewalls, IDS, IPS e etc.

As ferramentas utilizadas são nmap , além de comandos ICMP como ping. Utilizando ICMP para descobrir o sistema operacional.

ping www.4linux.com.br -c 1

PING   www.4linux.com.br   (66.118.142.41) 56(84) bytes of data.

64 Bytes From
41-142-118-66.Reverse.priorityonline.net
(66.118.142.41): Icmp_seq=1

Ttl=49 Time=1452 Ms

--- www.4linux.com.br ping statistics ---

```
1 PACKETS TRANSMITTED, 1 RECEIVED,
0% PACKET LOSS, TIME 0MS
rtt min/avg/max/mdev = 1452.515/1452.515/1452.515/0.000
```
ms

```
#
```

A informação importante está no campo TTL (Time To Live). A maioria dos sistemas operacionais se diferencia pelo valor retornado de TTL, com vemos abaixo:

- Cyclades - Normalmente 30
- Linux - Normalmente 64
- Windows - Normalmente 128
- Cisco - Normalmente 255
- Linux + iptables - Normalmente 255

2.2   O Ataque Ip Spoofing

O ip spoofing é um ataque que visa basicamente assumir o endereço IP de um equipamento confiável, ganhando acesso a rede.

A PARTIR DA FALSIFICAÇÃO DO ENDEREÇO PODEMOS TER VÁRIAS MODALIDADES DE ATAQUE:

2.2.1 Non-BlindSpoofing

Nesta modalidade o atacante está na mesma subnet da vítima, e através de um sniffer consegue a sequência do tri way handshacke conseguindo sequestrar a seção e ganhar a conexão. (Tanase, 2003)

2.2.2 BlindSpoofing

Este é um ataque mais sofisticado , pois o atacante não tem acesso a sequencia de números da conexão ip e tem que enviar uma sequencia de números para tentar ganhar a seção. (Tanase, 2003)

2.3   Man In The Middle Attack (Mtm)

Os ataques non Blind e Blind são utilizados pelo MTM , neste caso o computador malicioso entra no meio da comunicação entre dois dispositivos controlando o fluxo de dados , podendo atuar da forma passiva apenas como um snnifer ou ativa alterando as informações e retransmitindo. (Tanase, 2003)

2.4   Denial Of Service Attack(Dos)

O Ataque DoS tem como objetivo a negação de serviços , seja por sobrecarga a infra estrutura , seja por quebra de integridade. Normalmente o atacante inunda a vítima com pacotes, uma técnica muito utilizada é o sym flood, uma inundação de requisições de conexão sem resposta do ack, fazendo com que a pilha TCP encha ou estoure. (Tanase, 2003)

2.4.1   Efeitos de um ip spoofing em uma rede industrial

O ip spoofing em uma rede industrial pode ser catastrófico, desviando as informações de processo para computadores não autorizados, provocando falhas por falta de registro ou mascarando falhas.

Dependendo da área em que é feito o ataque pode resultar em explosões, incêndios, ou acidentes graves com produtos químicos gerando catástrofes ambientais e perda de vidas humanas.

2.4.2   STUXNET

Stuxnet , é um worm, criado especificamente para atacar sistemas industriais , principalmente os sistemas baseados no Step7 da Siemens. (symantec)

Stuxnet busca por sistemas de controle industriais e então modifica seus códigos para permitir que os atacantes tomem o controle desses sistemas sem que os operadores percebam. Em outras palavras, essa ameaça foi criada para permitir que hackers manipulem equipamentos físicos, o que o torna extremamente perigoso.

Esta ameaça é diferente de tudo que já foi visto anteriormente, tanto em relação ao que ela faz, como a forma como ela apareceu. É o primeiro vírus de computador capaz de causar dano no meio físico. Ele é sofisticado, bem financiado, e poucos grupos atualmente têm a capacidade de criar esse tipo de ameaça. É também o primeiro cibe ataque que conhecemos que tem como alvo específico sistemas de controle industriais.

O worm é composto de códigos de computador complexos, que requerem diferentes habilidades para criá-lo. Os especialistas em segurança da Symantec estimam que foram necessárias de cinco a dez pessoas, trabalhando juntas durante seis meses. Além disso, conhecimento de sistemas de controle industriais foi necessário, assim como acesso a tais sistemas para a realização de testes que qualidade, o que novamente indica que esse é um projeto altamente organizado e bem financiado.

2.4.2.1 *Como se propaga?*

Ao invés de colocar um arquivo AUTORUN.INF e uma cópia de si mesmo nos discos fixos e removíveis, o WORM_STUXNET.A insere nos discos um arquivo. LNK - um atalho que redireciona para um arquivo executável. O arquivo. LNK adicionado explora essa vulnerabilidade para gerar uma nova cópia do WORM_STUXNET.A nos outros sistemas.

2.4.2.2 *Dificuldade de detecção.*

Além de gerar cópias de si em discos removíveis, esse worm também instala um rootkit, detectado como **RTKT_STUXNET.A** (Trendmicro), que é usado para ocultar suas rotinas. Isso permite que o worm passe despercebido pelo usuário e torne mais difícil a análise dos pesquisadores.

2.5   Ativos Analisados

O processo fabril que analisamos é a fase de despirogenização que tem a seguinte topologia:

O diagrama a seguir fornece uma visão geral do hardware do sistema de controle.

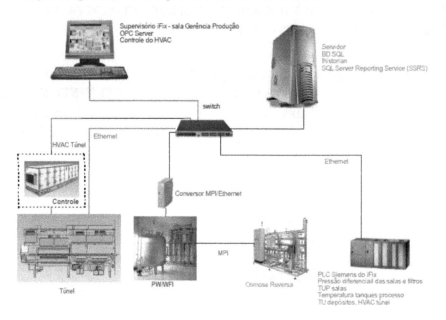

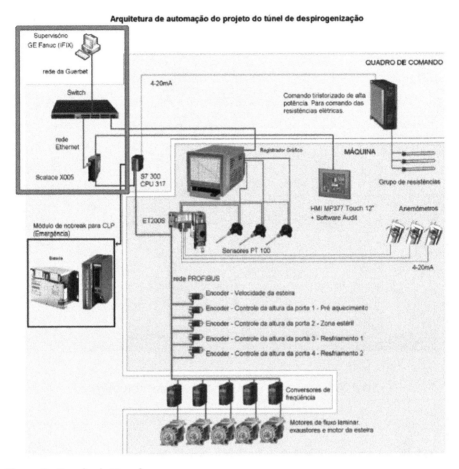

Figura 2 - Topologia Tunel

Figura 3 - Entrada de Frascos no Túnel

MAPA TOPOLÓGIO DA REDE MONITORADA

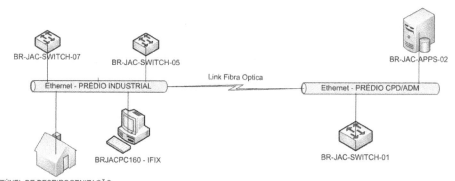

Figura 4 - Topologia da rede e sua distribuição

2.5.1 Switch core

O switch1, é responsável pelo CORE da rede, apesar de não respeitar a hierarquia onde os servidores ficam na camada de acesso, este switch é responsável pelas duas Vlans, a industrial e a administrativa.

Todos os servidores estão ligados a este servidor, sendo que o servidor APPS-02, responsável pelos bancos de dados do sistema SCADA, está ligado na Vlan industrial na porta 5 do switch.

Tanto o servidor quanto o switch encontram-se instalados em rack na sala do CPD que tem o seu acesso restrito com porta sempre trancada, no entanto é possível obter acesso ao switch1 através do switch4 de acesso, pois os pontos de rede estão dispostos no piso ao alcance de qualquer pessoa.

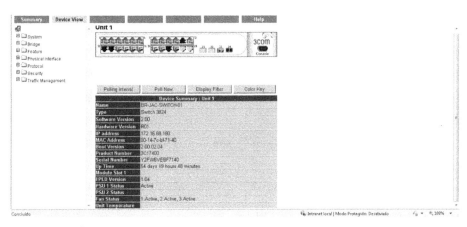

Figura 5 - Visão Switch Core

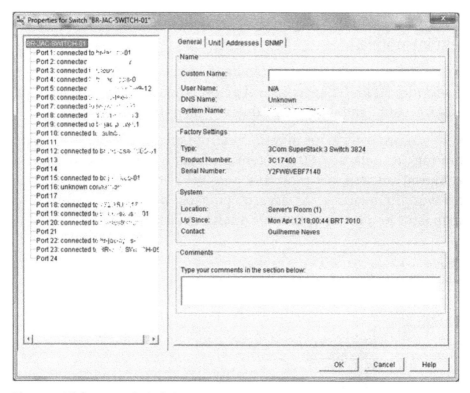

Figura 6 - Visão portas Switch Core

2.5.2   Servidor de banco de dados industrial

2.5.2.1   iHistorian

Ferramenta de software que contém banco de dados temporal que permitirá a coleta de dados históricos da planta, ou seja, registros das variáveis analógicas. O iHistorian somente deverá proceder o armazenamento dos dados quando houver mudança de valores, para que haja uma otimização no espaço do banco de dados.

Atualmente, a licença do iHistorian está instalada no servidor da PHARMA e à princípio não deve sofrer mudanças de licenças e/ou upgrade para assumir o escopo da modificação prevista neste documento. (Five Consultoria, 2010)

Possui as seguintes tarefas básicas, separadas por categorias do GAMP:

CAT 1 (infraestrutura): Windows XP;

CAT 3 (elementos parametrizados): interfaces, configuração de rede, endereços, arquivos, tempos.

2.5.2.2 Banco de dados SQL

O banco de dados SQL fará interface com os arquivos '.csv' das trilhas de auditorias referentes às seguintes interfaces de operação:

(A) IHM do sistema de controle embarcado no túnel;

(B) Supervisório iFix.

Possui as seguintes tarefas básicas, separadas por categorias do GAMP:

CAT 1 (infraestrutura): Windows XP;

CAT 3 (elementos parametrizados): interfaces, configuração de rede, endereços, arquivos, tempos.

2.5.2.3 SQL Server Reporting Services (SSRS)

O software de desenvolvimento de relatórios customizados deverá ser instalado no servidor. A interface com o usuário ocorrerá via web.

A ferramenta consolidará as informações oriundas dos seguintes softwares:

(A). iHistorian que contém os dados históricos das variáveis analógicas de processo;

(B).WinCCFlexibleAudit for *Panel* que contém os dados referente ao *AuditTrail* das operações através da IHM do túnel;

(C).iFix que contém os dados referentes ao *AuditTrail* das

operações através do supervisório;

(D)Local de instalação: Servidor.

Possui as seguintes tarefas básicas, separadas por categorias do GAMP:

CAT 1 (infraestrutura): Windows XP;

CAT 3 (elementos parametrizados): interfaces, configuração de rede, endereços, arquivos, tempos;

CAT 4 (elementos configurados): configuração de layout;

CAT 5 (elementos customizados): regras para captura de dados

2.5.3 Switch Ligação (switch 5)

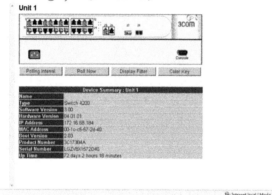

Figura 7 - Visão Swtich de Ligação

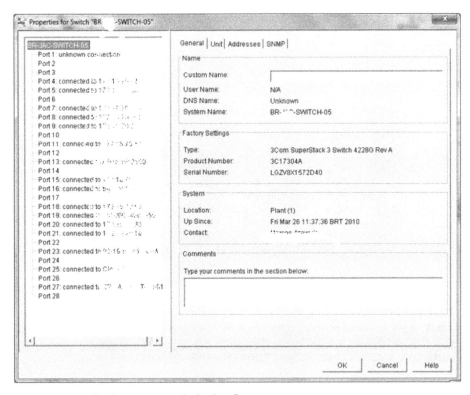

Figura 8 - Detalhe das portas Switch Ligação

No switch5 a porta 27 faz a ligação com o switch1 core.

O Switch5 está localizado em um rack, dentro de um armário TC no prédio industrial. O acesso é restrito, no entanto os pontos de rede que atendem aos computadores da rede são de fácil acesso, com tomadas nas paredes. Facilmente um atacante adquire acesso a uma porta do switch apenas conectando-se em um ponto disponível.

2.5.4   Servidor SCADA

A tela exibida com sinótico do túnel no supervisório indica a posição dos sensores nas zonas de pré aquecimento, esterilização, resfriamento 1 e resfriamento 2, valores medidos, ocorrência de falhas com data, hora, status e o valor.

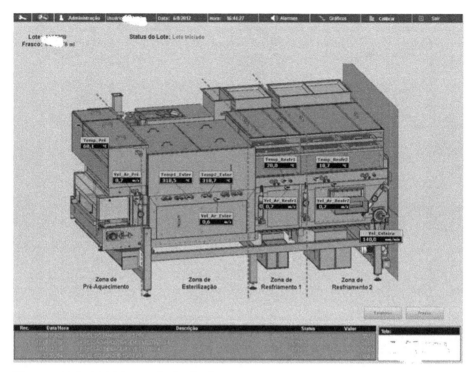

Figura 9 - Tela SCADA contole do túnel

É a licença de supervisório desenvolvido pela GE (General Electric) que atualmente está instalado nasala de supervisão contendo 150 tags.

(A) Local de instalação: PC sala da Gerência de Produção

Possui as seguintes tarefas básicas, separadas por categorias do GAMP:

CAT 1 (infraestrutura): Windows XP;

CAT 3 (elementos parametrizados): interface I/O configuração de rede (Net Pro), hardware, devices;

CAT 4 (elementos customizados): alarmes e Inter travamentos,

2.5.4.1   OPC Server

É um padrão industrial criado em colaboração entre os principais fornecedores mundiais de hardware e software de automação em cooperação com a Microsoft. O padrão define método para troca de dados de automação em tempo real entre *PC'sclients* utilizando sistemas operacionais da Microsoft.

O servidor OPC é uma aplicação de software que atuará como interface ou conversor de protocolo.

Neste projeto, a licença OPC Server S7/S5 do desenvolvedor *Softing*deverá interligar os seguintes componentes ao supervisório iFix:

(A). PLC Siemens;

(B). Conversor MPI/Ethernet;

(C)Local de instalação: PC sala da Gerência de Produção.

Possui as seguintes tarefas básicas, separadas por categorias do GAMP:

CAT 1 (infraestrutura): Windows XP.

CAT 3 (elementos parametrizados): interfaces, configuração de rede, hardware e devices.

2.5.5 Switch do Tunel (switch 8)

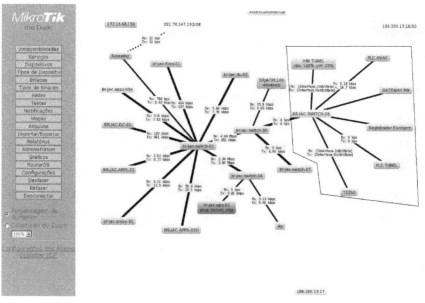

Este switch concentra os dispositivos industriais, em uma Vlan Industrial. O Switch8 está localizado em um rack, dentro de um armário TC no prédio industrial. O acesso é restrito, os pontos de rede estão localizados dentro de um armário no mezanino da fábrica, o acesso não tem controle, embora o local não seja acessado frequentemente.

2.5.6 IHM Túnel

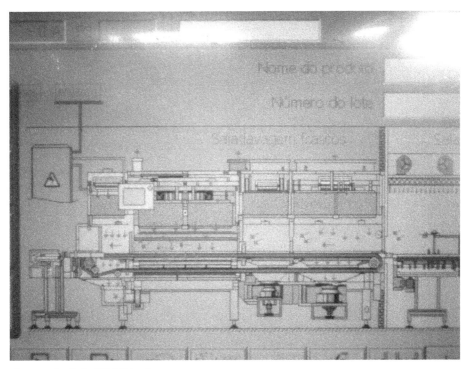

Figura 10 - Tela IHM Túnel

A IHM, interface homem máquina, é responsável pela aquisição de dados de processo e envio via FTP para o servidor industrial.

O equipamento roda com WindowsCE, com autenticação integrada com o AD. Está instalada dentro do ambiente industrial em sala limpa, e somente pessoal autorizado e devidamente trajado tem acesso ao equipamento. O operador faz o login, entra com as informações de produto, lote e apresentação e inicia ou para a produção.

O display do equipamento apresenta as variáveis de processo e também os alarmes.

2.5.7   PLC HVAC

O PLC do HVAC, controla o sistema de ventiladores do túnel, responsável por circular o ar quente na seção de aquecimento e do ar frio na seção de resfriamento.

Um ataque DoS provoca a parada total do túnel, parando a produção da empresa. (Five Consultoria, 2010).

2.5.8   GATEWAY PW/WFI

Apesar de não fazer parte do túnel o gateway de PW/WFI é responsável pela conexão e conversão dos protocolos profibus para ethernet do sistema de águas farmacêuticas.

PW, purifiedWater é uma água superfiltrada e esterelizada que atende a requisitos de condutância e temperatura, utilizada para a lavagem dos frascos.

WFI, água destilada resultante do processo de destilação de PW e entra na composição do medicamento.

O equipamento está acondicionado dentro de um armário na sala de águas, o acesso apesar de ser permitido somente a pessoas autorizadas, não tem controle e a porta fica aberta e sem nenhum tipo de monitoramento de segurança.

Um ataque DoS neste gateway provoca a parada da produção.

Um ataque de MTM ativo, pode provocar a adulteração dos dados da produção de água, liberando água fora do parâmetro para a produção de medicamentos, apesar de haver um controle microbiológico na liberação do equipamento, pode colocar em risco a qualidade do produto, e atrasar a liberação ou até a perda de todo o lote.

2.5.9   PLC Tunel

O conjunto CLP Siemens é composto pela CPU da Série S7 300, modelo 317 e pela estação de I/O distribuído modelo ET200S. Ambos componentes são configurados pela ferramenta de software Step7Professional, que tem as seguintes tarefas básicas, separadas por categorias do GAMP:

CAT 1 (infraestrutura): Windows XP;

CAT 3 (elementos parametrizados): interface I/O configuração de rede (Net Pro), hardware, devices;

CAT 5 (elementos customizados): alarmes, Inter travamentos, loops de controle, sequências, início a quente/frio;

2.5.10 T2250

Figura 11 - Registrador Euroterm T2250

O T2550 PAC é a solução de alta performance que oferece opções de redundância de custo extremamente efetivo. A unidade de controle e sistema de Entradas/Saídas são a base de um ambiente distribuído completo capaz de fazer controle contínuo analógico, lógico e sequencial através de porta 10/100baseT

Ethernet (ELIN). É utilizado com aquisitor de dados para funcionar em conjunto com o sistema SCADA. Possui um cartão de memória para redundância em caso de falha de comunicação com o servidor.

2.6   Critérios Da Análise De Riscos

Segundo a GAMP5[vi]a qualidade do gerenciamento de risco é um processo sistemático de controle, comunicação e revisão dos riscos que envolvam a segurança do paciente, qualidade do produto, e integridades dos dados, baseados no formulário constante da ICH Q9[vii] (International Society for Pharmaceutical Engineering, 1995) e é usado para:

- Identificar risco e para remover ou reduzir para níveis aceitáveis.

- É a parte de uma abordagem escalável que habilita as companhias reguladas pela GAMP a selecionar ciclos de vida das atividades para um sistema específico.

No contexto de sistemas computadorizados é recomendável basear-se no conhecimento das especificações do sistema e nos processos que os mesmos suportam ou com os quais interagem (ANVISA - AGENCIA NACIONAL DE VIGILANCIA SANITARIA, 2010).

Recomenda-se a utilização dos seguintes termos:

Dano: danos para a saúde, incluindo danos que podem ocorrer devido a uma perda de qualidade do produto ou de sua disponibilidade.

Perigo: fonte com potencial para provocar danos.

Risco: a combinação da probabilidade de ocorrência e a severidade do dano.

Severidade: medida das possíveis consequências do perigo.

2.6.1   Impacto

Para identificar os perigos de um sistema computadorizado é necessário ter discernimento e compreensão do que poderia dar errado no sistema, isto deve estar baseado no conhecimento dos especialistas e na experiência acerca dos processos e sua automação. Durante esta avaliação, devem ser consideradas as possíveis falhas do sistema e aquelas ocasionadas por uma ação incorreta dos usuários envolvidos.

Os danos potenciais devem ser baseados na identificação dos perigos. Alguns exemplos de danos potenciais incluem:

- Produção de medicamentos adulterados causada por falhas em um sistema computadorizado;

- Falhas em instrumentos ou funções clínicas que conduzem a resultados e conclusões incorretas envolvidas nos estudos de pesquisas clínicas;

- Falhas em sistemas computadorizados relacionados aos processos de produção, garantia e controle de qualidade, utilidades e quaisquer outros que sejam críticos.

Deve se avaliar o impacto na segurança do paciente, qualidade do produto e na integridade dos dados, visando estimar suas possíveis consequências (ANVISA - AGENCIA NACIONAL DE VIGILANCIA SANITARIA, 2010).

Tabela 1 - Classificação do Impacto

Impacto	Potencial	Resposta (Sim ou Não)
Pior caso de impacto na segurança do paciente	Alto = potencial de dano grave ou morte.	SIM
	Médio = potencial de danos menores.	NÃO
	Baixo = potencial de insatisfação do paciente, mas não de dano.	NÃO
Pior caso de impacto na qualidade do produto	Alto = potencial para liberação de produto que causaria dano grave a paciente	SIM
	Médio = potencial para a liberação do produto o que causaria dano menor para um paciente	NÃO
	Baixo = potencial para baixa qualidade do produto que não seria liberado ou não causaria dano ao paciente	NÃO
Pior caso de impacto na integridade dos dados*	Alto = perda da integridade dos dados de forma não seja possível a sua liberação ou este venha causar sérios danos ao paciente.	SIM
	Média = perda de integridade de dados, tal que a liberação do produto causaria dano de menor proporção ao paciente.	NÃO
	Baixo = perda da integridade dos dados de produtos a serem destruídos, de dados não essenciais à liberação do produto.	NÃO

2.6.2   Severidade

O processo de análise de riscos segue o modelo do GAMP5 com severidade, ocorrência e detectabilidade classificados na sequência.

A SEVERIDADE segue a classificação mais elevada partir do seguinte (Five Consultoria, 2010):

Tabela 2 - Classificação da Severidade

Severidade	Classificação
Segurança do paciente	Alto = graves danos ou morte
	Médio = danos menores
	Baixo = insatisfação do paciente, mas não de danos.
Qualidade do produto	Alto = liberação de produto que causaria dano grave ao paciente
	Médio = liberação de produto que causaria dano menor ao paciente
	Baixo = baixa qualidade do produto que não seria liberado ou não causaria dano ao paciente
Integridade dos dados	Alto = perda da integridade dos dados de forma não seja possível a sua liberação ou este venha causar sérios danos ao paciente.
	Média = perda de integridade de dados, tal que a liberação do produto causaria dano de menor proporção ao paciente.
	Baixo = perda da integridade dos dados de produtos a serem destruídos, de dados não essenciais à liberação do produto.

2.6.3   OCORRÊNCIA

O entendimento da probabilidade de falhas em sistemas computadorizados auxilia na seleção de controles apropriados para o gerenciamento dos riscos identificados. Para alguns tipos de falhas como, por exemplo, falhas de sistema, pode existir certa dificuldade durante a atribuição deste valor, impossibilitando o cálculo apropriado da probabilidade em termos quantitativos durante uma avaliação de riscos (ANVISA - AGENCIA NACIONAL DE VIGILANCIA SANITARIA, 2010).

A OCORRÊNCIA é classificada conforme o tipo de componente do sistema que desempenha a função (Five Consultoria, 2010):

Tabela 3 - Classificação da Chance de Ocorrência

Classificação	
Ocorrência	**Alta** = ação desempenhada por função customizada – CAT 5
	Média = ação desempenhada por função configurada ou hardware customizado – CAT 4
	Baixa = ação desempenhada por função ou hardware padronizado – CAT 3

2.6.4 Detectabilidade

O entendimento da detectabilidade de falhas em sistemas computadorizados auxilia na seleção de controles apropriados para o gerenciamento dos riscos identificados. Falhas podem ser detectadas automaticamente pelos sistemas computadorizados ou por métodos manuais (ANVISA - AGENCIA NACIONAL DE VIGILANCIA SANITARIA, 2010).

Tabela 4 - Classificação da Detectabilidade

Classificação	
Detectabilidade	**Alta** = automaticamente detectada através de um intertravamento ou sujeito a 100% de verificação externa.
	Média = facilmente identificada por um operador, possui um alarme que é dependente dos controles, ou sujeito a verificação por amostragem.
	Baixa = improvável de ser identificada por um operador ou por verificações externas.

2.6.5 Planilha da Análise de Riscos

Etapas da Análise de riscos. (ANVISA - AGENCIA NACIONAL DE VIGILANCIA SANITARIA, 2010)

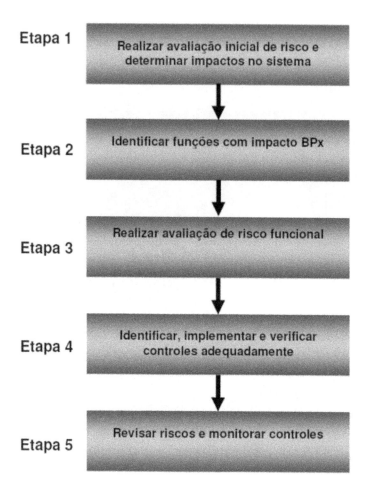

Figura 12 - Etapas da Analise de Riscos ANVISA

A Etapa 1 é composta pela realização da avaliação inicial de riscos e determinação dos impactos dos sistemas.

A avaliação inicial de riscos tem o objetivo de detectar se o sistema no geral tem impacto em BPx. Nesta fase, a avaliação não considera o detalhamento dos processos e particularidades de cada função. Os cenários de riscos são levantados de maneira genérica.

Exemplo para ERP: análise para a identificação dos módulos que possuem impacto em BPx.

A Etapa 2 é composta pela identificação das funções ou processos que têm impacto em BPx para o sistema ou módulos que foram detectados na Etapa 1.

Para a definição dos processos é fundamental que seja realizado um levantamento ou mapeamento visando à identificação das principais funcionalidades e atividades críticas que estão envolvidas no sistema computadorizado.

Durante a definição dos processos é importante salientar que estes são muito mais do que um simples retrato da lógica de entradas e saídas entre usuários e funcionalidades. É uma atividade de análise e avaliação cujo resultado deve retratar claramente como ocorrem os trâmites internos no sistema/processo, quais são os seus pontos fracos, onde estão os riscos, como ocorrem os fluxos das informações, quais são as responsabilidades por cada etapa e, principalmente, quais são os resultados efetivos que constituem todos os processos relacionados ao sistema computadorizado. É recomendável a utilização de fluxogramas ou quaisquer outras ferramentas visuais.

Como princípio fundamental para um levantamento eficaz de riscos dos processos em um sistema computadorizado, é necessário entender as diferenças entre tarefas, atividades, funcionalidades, interfaces, sub-processos, processos e macro-processos (todos contemplando as diferentes áreas envolvidas).Após definição dos principais processos, o gerenciamento de riscos visa demonstrar a complexidade e dimensão de cada função critica relacionada a uma funcionalidade.

Etapa 3

A Etapa 3 é composta pela avaliação detalhada dos

riscos das funcionalidades do sistema identificadas durante o mapeamento dos processos.

Os resultados da avaliação de impacto de cada funcionalidade podem influenciar na extensão e severidade das verificações a serem realizadas. Os testes podem focar as funcionalidades com impactos altos, minimizando esforços em processos de baixo risco.

Avaliações de riscos adicionais podem ser necessárias quando novos métodos ou requerimentos são solicitados durante o ciclo de vida.

Etapa 4

Esta etapa inclui a identificação, implementação e verificação dos controles para eliminação ou redução do risco.

Controles são basicamente medidas implementadas para reduzir um risco a um nível aceitável. Esses controles podem fazer parte de uma funcionalidade do sistema computadorizado, com procedimentos manuais em paralelo ou podem ser uma combinação e integração de ambos.

A seleção e utilização dos controles basicamente envolvem:

- Eliminação dos riscos através de processos ou sistema redesenhados;

- Redução dos riscos diminuindo a probabilidade de uma falha ocorrer;

- Redução dos riscos através de implementação de outros processos que detectem a falha;

- Redução dos riscos estabelecendo verificações ou métodos para identificação.

Atividades para minimização dos riscos envolvem:

_ disponibilidade do sistema para uso;

_ nível de frequência de *backup* e restauração;

_ plano de contingência;

_ recuperação de desastre;

_ segurança do sistema;

_ controle de mudanças;

_ revisões periódicas.

Controles adicionais podem ser incluídos posteriormente a avaliação dos riscos das funcionalidades.

Recomenda-se realizar uma revisão da conclusão da avaliação de riscos, uma vez que estes novos

Controles podem resultar em processos e testes mais simplificados.

Exemplos de controles para redução de riscos:

Alguns controles de processos podem estar integrados a um sistema, tais como, alarmes, controle de acesso e/ou avisos de verificação. Alternativamente estes controles também podem estar disponíveis deforma independente em processos externos ao sistema, tais como, análises químicas, físicas ou verificação pelo usuário.

Etapa 5

Esta etapa deve prever a revisão e o monitoramento dos controles adotados na Etapa 4, tarefa que pode ser realizada na revisão periódica para manutenção do estado validado ou durante a avaliação dos riscos desencadeada por um controle de mudanças.

A avaliação da criticidade da mudança deve incluir a extensão e verificação da documentação necessária, sempre se baseando nos riscos e na complexidade da mudança a ser realizada.

As avaliações de riscos relacionados ao planejamento de descontinuidade de um sistema computadorizado, geralmente inclui:

_ abordagem dos dados e registros para retenção e migração;

_ abordagem das verificações gerais contempladas no antigo sistema.

Metodologia Para Análise De Riscos

A análise de riscos tem como propósito estabelecer uma maneira de combinação da severidade, probabilidade de ocorrência e detectabilidade de falhas, reduzindo estas a um nível aceitável. Severidade refere-se às possíveis consequências de um risco.

A metodologia apresentada neste documento fornece ferramentas simplificadas a serem utilizadas durante a elaboração de uma análise de riscos. Esta metodologia não é obrigatória, podendo ser utilizadas outras aplicáveis para este tipo de atividade.

Cada risco identificado em uma funcionalidade do sistema pode ser analisado considerando-se dois estágios importantes:

Severidade do impacto em BPx relacionado à probabilidade dessa falha ocorrer, determinando assim a classificação do risco.

A classificação do risco está ligada à determinação da probabilidade do risco ser detectado antes de ocorrer danos, determinando assim a prioridade de um risco.

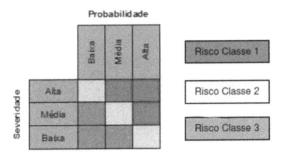

Figura 13 - Matriz de Classe de Risco

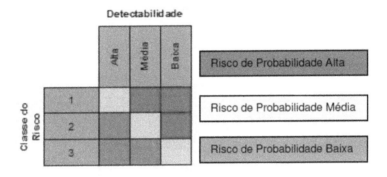

Figura 011 – Método para detectar e priorizar um risco

Figura 14 - Matriz de prioridade de risco

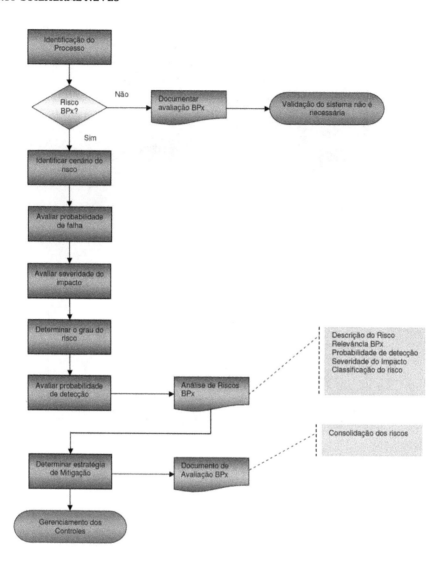

Figura 15 - Fluxo da análise de riscos

2.7 Redes Industriais (Ics – Industrial Control Systems)

Industrial control system (ICS) é um termo genérico para especificar uma serie de sistemas de controle, incluindo sistemas supervisórios e sistemas de aquisição de dados (SCADA), sistemas de controle distribuídos (DCS), e outros sistemas de controle como controladores lógicos programáveis (PLC), comumente encontrados em plantas industriais e em sistemas de infra estrutura críticos.

Redes ICS são tipicamente utilizadas nas indústrias, geração e distribuição de eletricidade, água e esgoto, óleo e gás natural, química, transportes, farmacêutica, papel e celulose, comida, indústrias montadoras como automotiva, aeroespacial e bens duráveis.

Estes sistemas de controle são críticos para a operação de qualquer nação, principalmente pela sua grande interligação e dependência mútua dos sistemas.

Devemos ressaltar que aproximadamente noventa por cento das nações a infra estrutura crítica pertence e é operado pelo setor privado, agencias federais também operam alguns processos como controle de trafego aéreo.[viii]

Table E-1. Possible Definitions for ICS Impact Levels Based on ISA99

Impact Category	Low-Impact	Moderate-Impact	High-Impact
Injury	Cuts, bruises requiring first aid	Requires hospitalization	Loss of life or limb
Financial Loss	$1,000	$100,000	Millions
Environmental Release	Temporary damage	Lasting damage	Permanent damage, off-site damage
Interruption of Production	Minutes	Days	Weeks
Public Image	Temporary damage	Lasting damage	Permanent damage

Figura 16 - Impactos para ICS segundo ISA99

Table E-2. Possible Definitions for ICS Impact Levels Based on Product Produced, Industry and Security Concerns

Category	Low-Impact	Moderate-Impact	High-Impact
Product Produced	• Non-hazardous materials or products • Non-ingested consumer products	• Some hazardous products or steps during production • High amount of proprietary information	• Critical infrastructure (e.g., electricity) • Hazardous materials • Ingested products
Industry Examples	• Plastic injection molding • Warehouse applications	• Automotive metal industries • Pulp and paper • Semiconductors	• Utilities • Petrochemical • Food and beverage • Pharmaceutical
Security Concerns	• Protection against minor injuries • Ensuring uptime	• Protection against moderate injuries • Ensuring uptime • Capital investment	• Protection against major injuries/loss of life • Ensuring uptime • Capital investment • Trade secrets • Ensuring basic social services • Regulatory compliance

Figura 17 - Níveis de impacto em ICS

3   ESTUDO DE CASO

O caso estudado da indústria Farmacêutica PHARMA , a indisponibilidade dos ativos analisados podem provocar desde falhas que provoquem atrasos na liberação do produto provocando prejuízos a empresa até acidentes que podem provocar sérios danos a equipamento e colocam em risco a vida do operador.

Este trabalho contempla a metodologia de gerenciamento de riscos utilizada no sistema de controle embarcado do túnel de despirogenização[ix] da empresa Bausch Technology adquirido pela PHARMA.

3.1   Cenário

O túnel tem como objetivo diminuir o tempo de esterilização em autoclave, enviando os frascos pré-esterilizados à linha de enchimento. Atualmente os frascos são apenas lavados com água quente, o que não confere uma esterilização total, exigindo que o produto já envasado precise permanecer por longo período na autoclave, diminuindo o tempo de produção do lote.

O sistema deve atender as exigências do FDA(*US Food and Drug Aministration*) 21CFR Part11 (Registros Eletrônicos; Assinaturas Eletrônicas) e todo o ciclo de vida da documentação referente à validação do sistema deve seguir as diretrizes do GAMP5.

3.2   Topologia Da Rede

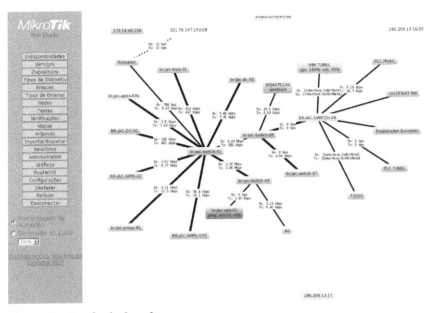

Figura 18 - Topologia de rede

Na Figura 18 - Topologia de rede vemos o BR-SRV-switch1 (core da rede), BR-SRV-switch5 (switch camada acesso do prédio industrial), e BR-SRV-switch8 (switch camada acesso do túnel de despirogenização).

Estes três switchs são alvos em potencial para um ataque DoS, já que tem ligados neles a infra estrutura crítica da produção.

No BR-SRV-switch-01, temos ligado o BR-SRV-apps-02 (servidor de banco de dados do sistema SCADA) e também o BR-SRV-switch-05, que faz a ligação com o prédio industrial.

No BR-SRV-switch5 temos ligado o BR-SRV-switch8 onde estão conectados os CLPs$_{[x]}$ que controlam o túnel de despirogenização.

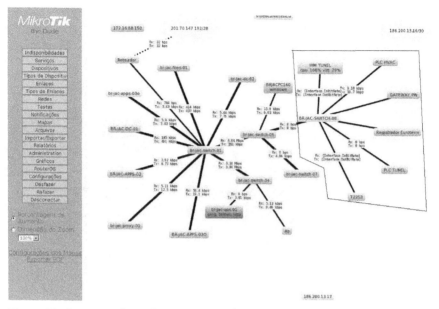

Figura 19 - Destaque de equipamentos do túnel

Na Figura 19 - Destaque de equipamentos do túnel , temos o BR-SRV-switch8 e os elementos controlados pelo CLP. Cada elemento controla uma fase da produção, a falta dos dados de qualquer um destes elementos provoca a perda de dados de produção.

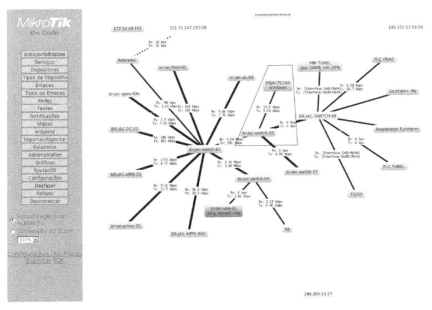

Figura 20 - Destaque sistema SCADA

Na SCADA, temos em destaque o BR-SRV-switch05 e o BRpc160 (servidor do sistema SCADA). Os dois equipamentos são alvos potenciais para um ataque Dos , sendo que o BRpc160 pode sofrer também um ataque Man in The Midle , que pode provocar a perda da integridade dos dados , perda de confidencialidade . Este ataque se for ativo pode parar toda a planta industrial, podendo danificar equipamentos e provocar acidentes com perda de vidas humanas, já que este equipamento controla altas temperaturas, esteiras e ventiladores.

3.3 Resultado Da Análise De Riscos

Evento (sempre é uma falha)	Efeito no pior caso. (usar criterios de severidade, impactos no paciente, qualidade do produto ou rastreabilidade e integridade dos dados.	Controles Atuais	Avaliação da severidade	Severidade	Avaliação da Probabilidade de Ocorrência	Probabilidade de ocorrência	Avaliação do Risco	Classe de risco	Avaliação da Detectabilidade	Detectabilidade	Avaliação da Prioridade do Risco	Prioridade do Risco	Ações propostas para risco e/ou prioridade media e alta.
ataque DoS switch core	parada da comunicação do SCADA com o servidor de banco de dados. Perda parcial dos dados a partir do estouro do buffer do SCADA.	Software de gerencia de redes, nobreak, fibra redundante e BUFFER na maquina do SCADA	3	ALTA	1	BAIXA	3	RISCO MÉDIO	3	BAIXA	9	MÉDIA	Incluir sistema de monitoramento externo. E aumentar o buffer do SCADA.
Ataque Man in the Midle ativo switch core	adulteração de dados de processo	antivirus, monitoramento da rede, Euroterm que recebe os dados de processo e podem ser comparados com o banco de dados.	3	ALTA	1	BAIXA	3	RISCO MÉDIO	3	BAIXA	9	MÉDIA	criar uma política de de pen test para verificar o nivel de segurança da rede. Criar uma rotina que teste a consistencia dos dados do Euroterm com o banco do SCADA.Política de backup para os dados do Euroterm.
Ataque a infra estrutura fisica switch core	parada da comunicação do SCADA com o servidor de banco de dados. Perda parcial dos dados	A porta do CPD fica trancada, mas hpa acesso por vidro de dentro da empresa.	3	ALTA	2	MÉDIA	6	RISCO ALTO	3	BAIXA	18	ALTA	Reforçar a segurança fisica, fechando a parte de vidro e colocando fechadura biometrica no cpd e no armario da industria.
ataque DoS APPS-02	Perda de dados de processo.	Monitoramento da rede e antivirus. O firewal é gerenciado externamente.	3	ALTA	2	MÉDIA	6	RISCO ALTO	2	MÉDIA	12	ALTA	deve-se monitorar a rede e os processos do servidor, elaborar pen tests periódicos.
Ataque Man in the Midle ativo APPS-02	adulteração de dados de processo. Pode liberar um lote com registros incorretos e perda de rastreabilidade.	reconciliação dos dados, controle de qualidade e microbiologia, verificação do crc da linha de dados e audit trail.	3	ALTA	2	MÉDIA	6	RISCO ALTO	2	MÉDIA	12	ALTA	Criptografia do banco de dados, extração periódica do Hash do banco na hora do backup..
Ataque a infra estrutua fisica APPS-02	Perda de dados de processo.	A porta do CPD fica trancada, mas hpa acesso por vidro de dentro da empresa.	3	ALTA	2	MÉDIA	6	RISCO ALTO	3	BAIXA	18	ALTA	Reforçar a segurança fisica, fechando a parte de vidro e colocando fechadura biometrico no cpd e no armario da industrial.
ataque DoS SWITCH 5	Perda de dados de processo pois o SCADA não receberá dados, e não há comunicação do industrial com o cpd	Software de gerencia de redes, nobreak, fibra redundante e BUFFER na maquina do SCADA	3	ALTA	1	BAIXA	3	RISCO MÉDIO	1	ALTA	3	BAIXA	Monitoramento externo
Ataque Man in the Midle ativo SWITCH 5	adulteração de dados de processo. Pode liberar um lote com registros incorretos e perda de rastreabilidade.	crd do arquivo de dados.	3	ALTA	1	BAIXA	3	RISCO MÉDIO	3	BAIXA	9	MÉDIA	Incluir sistema de monitoramento externo. E aumentar o buffer do SCADA.
Ataque a infra estrutua fisica SWITCH 5	Perda de dados de processo pois o SCADA não receberá dados, e não há comunicação do industrial com o cpd	Fica dentro de uma armario aberto	3	ALTA	2	MÉDIA	6	RISCO ALTO	1	ALTA	6	MÉDIA	reforçar segurança do armario com chave e acesso biometrico.
ataque DoS SCADA (PC160)	perda dos dados de processo	verificação do operador	3	ALTA	2	MÉDIA	6	RISCO ALTO	2	MÉDIA	12	ALTA	monitoramento externo, pen teste periodico.
Ataque Man in the Midle ativo SCADA (PC160)	adulteração de dados de processo. Pode liberar um lote com registros incorretos e perda de rastreabilidade.	reconciliação dos dados, controle de qualidade e microbiologia, verificação do crc da linha de dados e audit trail	3	ALTA	1	BAIXA	3	RISCO MÉDIO	2	MÉDIA	6	MÉDIA	Criptografia do banco de dados, extração periódica do Hash.
Ataque a infra estrutua fisica SCADA (PC160)	Perda de dados de processo	monitoramento da rede. Mas no caso do hardxkey não há detecção	3	ALTA	2	MÉDIA	6	RISCO ALTO	3	BAIXA	18	ALTA	colocar controle de acesso a sala do scada. ou colocar o scada dentro de um rack fechado.

Evento (sempre é uma falha)	Efeito no pior caso. (usar critérios de severidade, impactos no paciente, qualidade do produto ou rastreabilidade e integridade dos dados.	Controles Atuais	Avaliação da Severidade	Severidade	Avaliação da Probabilidade de Ocorrência	Probabilidade de ocorrência	Avaliação do risco	Classe de risco	Avaliação da Detectibilidade	Detectibilidade	Avaliação da Prioridade do Risco	Prioridade do Risco	Ações propostas para risco e/ou prioridade media e alta
ataque DoS switch8	não há registro dos dados do processo	monitoramento da rede	3	ALTA	1	BAIXA	3	RISCO MÉDIO	2	MÉDIA	6	MÉDIA	
Ataque Man in the Midle ativo switch8	adulteração de dados de processo. Pode liberar um lote com registros incorretos e perda da rastreabilidade	reconciliação dos dados , controle de qualidade e microbiologia, verificação do crc da linha de dados e audit trail	3	ALTA	1	BAIXA	3	RISCO MÉDIO	3	BAIXA	9	MÉDIA	monitoramento da rede e pentestes periódicos.
Ataque a infra estrutua física switch8	não há registro dos dados do processo	não tem , apenas alerta pela gerencia de rede	3	ALTA	2	MÉDIA	6	RISCO ALTO	2	MÉDIA	12	ALTA	reforçar segurança do armario com chave e acesso biometrico.
ataque DoS IHM	Não conseguir partir o tunel e não enviar dados da produção e alarmes	software de gerencia e antivirus	3	ALTA	1	BAIXA	3	RISCO MÉDIO	2	MÉDIA	6	MÉDIA	monitoramento da rede e pentestes periódicos.
Ataque Man in the Midle ativo IHM	adulterar dados de produção , parar esterilização , ou esvaziar tunel sem esterilizar	software de gerencia de redes e antivirus	3	ALTA	1	BAIXA	3	RISCO MÉDIO	3	BAIXA	9	MÉDIA	motoramento da rede , penteste periódicos e atualização de sistemas.
Ataque a infra estrutua física IHM	perda de controle sobre o tunel, não partir ou não conseguir dar comandos de inicialização e parada	O tunel é acessado por pessoal treinado , mas nada impede o acesso de vandalos ou funcionário descontente.	3	ALTA	2	MÉDIA	6	RISCO ALTO	2	MÉDIA	12	ALTA	Proteger melhor o retaguarda do ihm fechando o painel lateral com chave.
ataque DoS PLC HVAC	Parada do sistema de ventilação do tunel. Superaquecimento e falta de resfriamento dos frascos	sistema SCADA monitora as temperatura e o funcionamento do HVAC	3	ALTA	1	BAIXA	3	RISCO MÉDIO	1	ALTA	3	BAIXA	monitoramento da rede e pentestes periódicos.
Ataque Man in the Midle ativo PLC HVAC	passagem de frascos sem a devida esterilização ou superaquecidos colocando em risco o operador	monitoramento da rede	3	ALTA	1	BAIXA	3	RISCO MÉDIO	3	BAIXA	9	MÉDIA	verificar softwares ids. e criar pentestes periódicos.
Ataque a infra estrutua física PLC HVAC	parada do sistema HVAC	não tem	3	ALTA	1	BAIXA	3	RISCO MÉDIO	3	BAIXA	9	MÉDIA	colocar controle de acesso a sala dos PLCs no mesonino.
ataque DoS GATEWAY PW/WFI	perda de informações de processo	antivirus , monitoramento de rede	3	ALTA	1	BAIXA	3	RISCO MÉDIO	3	BAIXA	9	MÉDIA	verificar softwares ids. e criar pentestes periódicos.
Ataque Man in the Midle ativo GATEWAY PW/WFI	adulteração de dados de processo , possibilidade de produzir produto fora da especificação	antivirus , monitoramento da rede.	3	ALTA	1	BAIXA	3	RISCO MÉDIO	3	BAIXA	9	MÉDIA	verificar softwares ids. e criar pentestes periódicos.
Ataque a infra estrutua física GATEWAY PW/WFI	perda de informações de processo	não tem	3	ALTA	2	MÉDIA	6	RISCO ALTO	3	BAIXA	18	ALTA	colocar controle de acesso a porta da sala de controle da sala de aguas.
ataque DoS PLC TUNEL	Parada do tunel com quebra de frascos.	antivirus , monitoramento da rede.	3	ALTA	1	BAIXA	3	RISCO MÉDIO	3	BAIXA	9	MÉDIA	verificar softwares ids. e criar pentestes periódicos.
Ataque Man in the Midle ativo PLC TUNEL	adulteração de dados de processo , possibilidade de não esterilizar frascos ou explosão de frascos.	antivirus , monitoramento da rede.	3	ALTA	1	BAIXA	3	RISCO MÉDIO	3	BAIXA	9	MÉDIA	verificar softwares ids. e criar pentestes periódicos.
Ataque a infra estrutua física PLC TUNEL	Parada do tunel com quebra de frascos.	não tem	3	ALTA	1	BAIXA	3	RISCO MÉDIO	3	BAIXA	9	MÉDIA	colocar controle de acesso na porta do sala dos pics no mesonino.
ataque DoS T2250	Falta de registro redundante das informações de processo	antivirus , monitoramento da rede.	1	BAIXA	1	BAIXA	1	RISCO BAIXO	3	BAIXA	3	BAIXA	verificar softwares ids. e criar pentestes periódicos.
Ataque Man in the Midle ativo T2250	adulteração de dados do processo impedindo a reconsiliação dos dados de pocesso	antivirus , monitoramento da rede.	2	MÉDIA	1	BAIXA	2	RISCO BAIXO	3	BAIXA	6	MÉDIA	verificar softwares ids. e criar pentestes periódicos.
Ataque a infra estrutua física T2250	Falta de registro redundante das informações de processo	não tem	1	BAIXA	1	BAIXA	1	RISCO BAIXO	3	BAIXA	3	BAIXA	trancar painel lateral do tunel e criar controle de acesso.

3.4 Principais Objetivos Da Segurança Em Redes Ics.

Os maiores objetivos da implementação de segurança em ICS incluem os seguintes tópicos (Stouffer, Falco, & Scarfone, 2011):

3.5 Restringir O Acesso Local A Rede Ics E Atividades Da Rede.

Isto inclui o uso de zonas desmilitarizadas (DMZ) com firewall para prevenir que o trafego de rede passe direto entre as redes corporativas e ICS, e ter uma separação de mecanismos de autenticação e credenciais para usuários corporativos e da rede ICS. A rede ICS também deve utilizar uma topologia em camadas, reforçando a segurança da comunicação e colocando aplicações críticas em camadas confiáveis.

3.5.1 Restringir o acesso físico a redes ICS e dispositivos.

Acesso físico não autorizado a componentes podem causar sérios riscos de rompimento das funcionalidades da ICS. Uma conjunção de controles de acesso físico pode ser utilizada como trancas, leitores de cartão e guardas.

3.5.2 Proteger os componentes individuais da ICS contra exploração de vulnerabilidades.

Isto inclui a implantação de patches de segurança da forma mais ráppida possível, depois de testá-las em condições de campo; desabilitar todas as portas não utilizadas e serviços, restringindo os privilégios do usuário ICS somente para aqueles que são necessários para o papel de cada pessoa; rastreamento e monitoramento de trilhas de auditoria, e utilizar controles de segurança, como antivírus e software de arquivo de verificação de integridade de software como anti rootkit e hash do ativo sempre que seja tecnicamente viável para prevenir, impedir, detectar e mitigar malware.

3.5.3 Manter a funcionalidade durante condições adversas e contingencias.

Isto envolve a concepção do ICS de modo que cada componente crítico tem uma contrapartida redundante. Além disso, se um componente falhar deve deixar de uma maneira que não gera tráfego desnecessário na ICS ou outras redes, ou não causar outro problema para outro lado, tal como um evento em cascata.

3.5.4 A restauração do sistema depois de um incidente.

Incidentes são inevitáveis e um plano de resposta a incidentes é essencial. Uma característica importante de um bom programa de segurança é a rapidez com que um sistema pode ser recuperado depois de um incidente ocorreu.

3.6   Recomendações Para Tratamento De Riscos Anvisa

3.6.1   Controles Estratégicos

Inclusão de controles automáticos para os atributos de qualidade contemplados em sistemas computadorizados (ANVISA - AGENCIA NACIONAL DE VIGILANCIA SANITARIA, 2010).

Implementação de procedimentos aos processos que contemplam possíveis falhas.

Inclusão de controles automáticos para sistemas computadorizados cujas avaliações

Identificaram a existência de:

- Verificação de dados no próprio sistema visando o controle e redução da probabilidade de entrada de dados incorretos;
- Meios que permitam identificar a entrada de dados pelo usuário aumentando a detecção de erros (Trilha de auditoria).

Utilização de métodos, ferramentas e componentes, parâmetros de limite e controle do ambiente operacional.

Aplicação de testes rigorosos comprovando que o sistema desempenha suas funcionalidades corretamente em condições de erros ou que possua condições de tratamento para os mesmos.

Aplicação e revisão de treinamento aos usuários envolvidos.

Se os controles selecionados não forem adequados para um nível de aceitação, amplas estratégias de controle podem ser consideradas e adotadas. Seguem abaixo alguns exemplos de abordagens mais amplas para o controle de riscos:

Modificação na Estratégia do Projeto

Estrutura e composição do projeto:

A experiência e qualificação da equipe, o tipo de projeto, a organização, o nível de treinamento e a formação dos especialistas envolvidos.

Nível da documentação e revisão

Alterar a documentação aprovada incluindo ou retirando informações que refletem nos riscos já apontados.

Modificação nos Processos

Como os sistemas computadorizados são utilizados nos processos:

Se o sistema computadorizado contempla ou induz a um determinado risco, considerar abordagens alternativas, modificando o processo.

Redesenho dos processos:

Alteração de processos orientando ou eliminando pontos-chaves de riscos.

Prevenção de Riscos

Os riscos são altos e uma nova forma de trabalho deve ser implementada.

3.7   Principais Contribuições

A principal contribuição do trabalho e colocar luz sobre vulnerabilidades de sistemas industriais normalmente não levantados em países como o Brasil, onde ainda não se tem cultura de ataques terroristas, guerras e vandalismo.

Normalmente a cultura de automação leva em consideração que a rede industrial é segregada e, portanto imune a ataques, o que hoje está cada vez mais longe da realidade.

3.8 Pesquisas Futuras

O pesquisador pode usar como inspiração para novas perguntas de pesquisa as limitações a que sua pesquisa esteve sujeita, ou seja, focar no que poderia ter sido feito de forma diferente para melhorar a coleta ou a análise dos dados. Ou qual outro método de pesquisa poderia ter sido utilizado e com quais objetivos.

Pode ainda, a partir dos resultados obtidos em sua investigação, propor novas questões acerca do fenômeno em estudo, estimulando a continuidade das pesquisas sobre o tema.

4   CONCLUSÃO

O estudo sistemático da segurança da informação em redes ICS, mostra que apesar dos requisitos serem mais rigorosos, a estratégia de proteção a ataque as suas vulnerabilidades precisa ser diferente das redes TIC, pois o simples bloqueio das ameaças pode provocar danos mais graves do que a própria ameaça. Portanto a política de segurança da informação deve ser pensada diferentemente para os seguimentos de TICs e ICS.

A elaboração de um plano de continuidade de negócios deve levar em consideração não só a redundância de ativos e pessoas e o plano de contingencia operacional, mas também os efeitos de uma parada. A parada de um ativo em ICS pode provocar danos não só ao negócio, mas também as pessoas, colocando em risco a planta e as pessoas a sua volta, por este motivo a análise de risco detalhada dos sistemas, bem como uma boa URS podem mitigar em muito os efeitos da falha ou ataque. O monitoramento do processo e ativos deve ser permanente, e os testes de penetração muito pouco utilizados em ICS devem ser largamente utilizados, sugiro inclusive que passe a fazer parte da rotina de manutenção preventiva tamanha a sua importância. O mito de que as ICS são segregadas e não sofrem ataques foram claramente destruídos quando mostramos os ataques relevantes já ocorridos; com o agravamento da crise mundial e o aumento dos conflitos pelo mundo é cada vez mais provável um ataque a estas infraestruturas, passando a ser alvo de concorrentes, terroristas, inimigos de guerra. As forças armadas de todo o mundo estão montando divisões de guerra cibernética, com soldados altamente treinados e ferramentas de ataque sofisticadas, portanto a tendência de que estes ataques sejam cada vez mais frequentes estratégicos e difíceis de ser combatidos.

A proteção das ICS não é apenas uma questão de negócio, mas de sobrevivência, estamos vivendo uma guerra cibernética silenciosa na qual podemos ser surpreendidos não mais com tiros e bombas, mas com a destruição das condições básicas de existência do ser humano. Proteger as ICS é proteger vidas, e o estilo de vida da humanidade.

5   REFERÊNCIAS BIBLIOGRÁFICAS

6 BIBLIOGRAFIA

4linux. (2012). Pen Teste - Teste de Intrusão de Redes. São Paulo, SP, Brasil.

ANVISA - AGENCIA NACIONAL DE VIGILANCIA SANITARIA. (2010). *GUIA DE VALIDAÇÃO DE SISTEMAS COMPUTADORIZADOS*. BRASILIA.

Cassiolato, C. (03 de 2009). *Diagnósticos no Profibus*. Acesso em 10 de 07 de 2012, disponível em www.profibus.org.br: http://www.profibus.org.br/news/marco2009/news.php?dentro=5

Cassiolato, C. (03 de 2009). *Uma visão de Profibus, desde a instalação até a configuração básica – Parte 4*. Acesso em 05 de 06 de 2012, disponível em www.profibus.org.br: http://www.profibus.org.br/news/marco2009/news.php?dentro=2

CISCO SYSTEM. *CCNA Explotation*.

Five Consultoria. (2010). *Gerenciamento de Riscos – SUPERVISÓRIO iFix - 001022_AR_Sup_PHARMA*. Rio de Janeiro.

Google Hacking. (s.d.).

Guimarães, C. (2012). Penetration Test - MSI UFRJ. Rio de Janeiro, RJ, Brasil.

International Society for Pharmaceutical Engineering. (1995). *Good Automated Manufacturing Practice*. ISPE.

Internet Security System. (2009). SCADA Security and Terrorism : We are not crying wolf. Estados Unidos da America.

Lugli, A. B. (03 de 2009). *Uma visão do protocolo industrial Profinet e suas aplicações*. Acesso em 13 de 07 de 2012, disponível em www.profibus.org.br: http://www.profibus.org.br/news/marco2009/news.php?dentro=4

Neves, G. (2010). *A APLICAÇÃO DA METODOLOGIA GOOD AUTOMATION MANUFATURE PRACTICES (GAMP5) NA INDÚSTRIA FARMACÊUTICA PARA IMPLANTAÇÃO DE GERÊNCIA DE REDES*. Rio de Janeiro: Univercidade.

Stallings, W. (2008). *Criptografia e segurança de redes*. São Paulo: Pearson Prentice Hall.

Stouffer, K., Falco, J., & Scarfone, K. (2011). *Guide to Industrial Control Systems (ICS) Security 800-82*. Gaithersburg: NIST.

symantec. (s.d.). *stuxneet: How It Infects PLCs* . Fonte: youtube: http://www.youtube.com/watch?v=cf0jlzVCyOI&feature=related

Tanase, M. (11 de 03 de 2003). *Symantec Connection.* Acesso em 02 de 08 de 2012, disponível em Symantec: http://www.symantec.com/connect/articles/ip-spoofing-introduction

[i] - Resolução da Diretoria Colegiada.

[ii] - Agencia Nacional de Vigilância Sanitária

[iii]¯ BPx – Boas Práticas e o x indica o assunto por exemplo BPF – boas praticas de fabricação

[iv] - National Institute of Standards an Technology

[v] - Industrial Control System

[vi] GAMP 5, Apêndice M3, pag. 105

[vii] (Referência 10. Apêndice G3)

[viii] NIST – especial publication 800-82 – jun 2011

[ix] Despirogenização – Esterilização por ar seco utilizado para esterilizar vidros e outros materiais não sensíveis ao calor.

[x] Controlador Lógico Programável.

www.ingramcontent.com/pod-product-compliance
Lightning Source LLC
LaVergne TN
LVHW092346060326
832902LV00008B/847